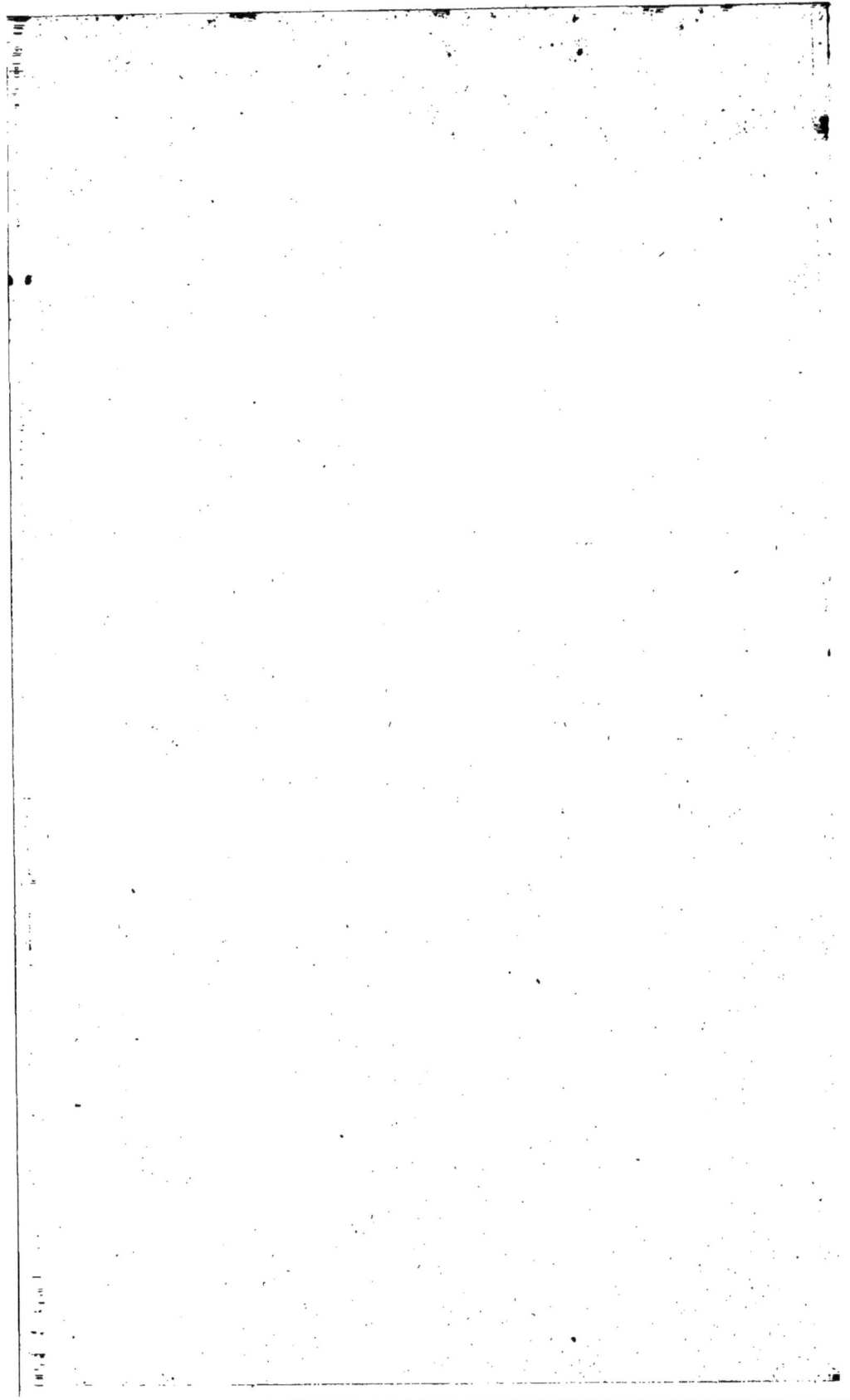

RAPPORT

DE

LA PROCÉDURE

INSTRUITE

AU SECOND CONSEIL DE GUERRE DE LA 7e DIVISION MILITAIRE,
SÉANT A GRENOBLE,

SUR L'ACCUSATION DIRIGÉE CONTRE DIX-SEPT OFFICIERS SIGNATAIRES
DE LA CAPITULATION DE LA PLACE DE FERRARE ;

CONTENANT

Des renseignements nombreux et utiles à l'histoire de la guerre
de la Révolution dans les campagnes que les Français firent
en Italie en l'an VI et VII de la République, et plus
particulièrement à la défense de la ville
et citadelle de Ferrare ;

PAR FRANÇOIS-XAVIER D'ASTIER,

ancien Capitaine des Sapeurs du Génie,
Juge d'Instruction honoraire au Tribunal civil d'Avignon.

———◦◦◦———

CARPENTRAS.

IMPRIMERIE DE L. DEVILLARIO.

1843

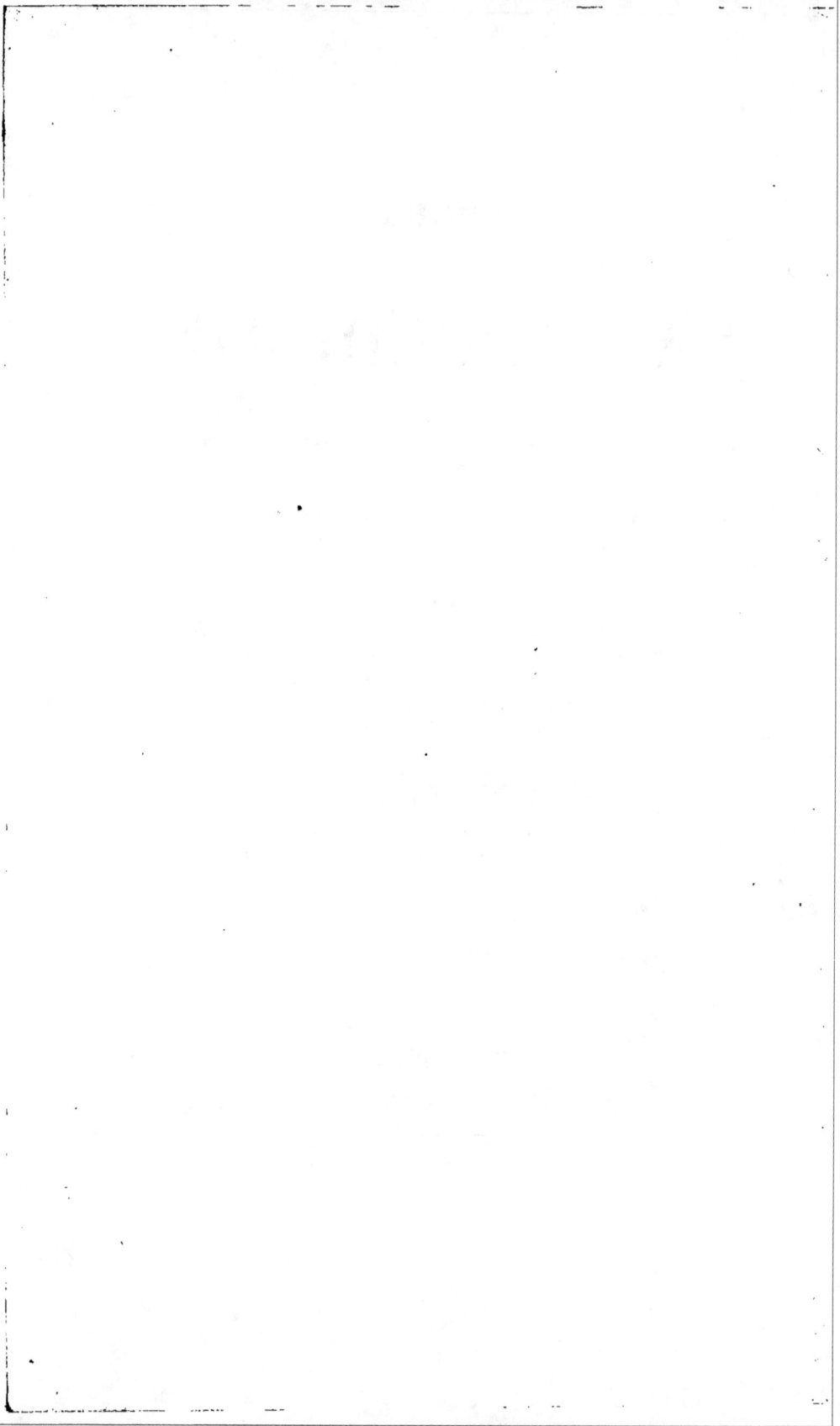

CITOYENS JUGES, (1)

Tous les peuples de l'Europe ont appris avec étonnement les succès rapides qu'obtinrent dans la campa-

(1) En publiant aujourd'hui ce rapport, M. d'Astier a voulu mettre la même exactitude à copier littéralement, même les expressions peu exactes dont il s'était servi, qu'il mit de soins à ne citer à cette époque que des faits connus de l'armée et en particulier de la garnison de la place de Ferrare ; ils furent la plupart justifiés dans cette procédure par des dépositions de témoins désintéressés, des titres ou rapports authentiques, et pour certains aussi, par des événements irrécusables, avoués dans le rapport accusateur, fait au gouvernement par la commission établie à Valence. Il a pensé que ce serait, en quelque sorte, altérer la vérité, s'il faisait disparaître de son travail les fautes de correction dont plusieurs avaient servi à voiler ses sentiments ; elles doivent donc à ce titre lui être imputées dans le jugement de ses contemporains. Il n'avait alors que le temps de se rendre utile par l'emploi de tous les moyens qui dépendaient de lui ; il n'aspire aujourd'hui qu'à en déposer une preuve parmi les documents divers de l'histoire de cette guerre, sans prétendre à d'autre suffrage qu'à celui qu'il obtint dans des temps difficiles. — Voir le n° 524, du Journal de Grenoble, ou Annales du département de l'Isère, du 1er ventôse an ix (20 février 1801).

gne de l'an VII les armées austro-russes contre les troupes françaises, accoutumées à vaincre depuis plusieurs années.

L'humanité aura longtemps à gémir sur les suites funestes qu'entraînèrent pour des milliers de français les principes affreux par lesquels on calcula, pour ainsi dire, d'avance, la perte de tant de braves.

La discorde parmi les chefs de l'armée d'Italie, et avec elle tous les désordres qui en furent la suite inévitable, ne furent pas les seuls présages de ses défaites, ni les seuls moyens d'exécution qui devaient les rendre irréparables. Avant, on avait médité un plan de destruction plus général : les finances de l'armée ne devaient plus lui être d'aucun secours ; elles avaient été placées, par une combinaison inouie, aux avant-postes de l'armée ; nos frontières eurent leurs places fortes dégarnies, leurs canons brisés et vendus au poids sur la place publique.

La France vit alors avec une espèce de stupeur tant d'événements extraordinaires qui devaient changer son sort. Elle apprit à ses dépens, dans les circonstances pénibles où elle se trouvait, à se défier pour toujours du système d'un gouvernement qui se joua sans cesse de la justice, de la bonne foi, comme de la vie des hommes. Elle dut rechercher les auteurs de tant de désastres que l'oubli de ces principes avait amenés nécessairement.

Ce fut alors que les uns, et surtout ceux qui étaient les plus intéressés à pallier leurs actions, voulurent qu'on les trouvât dans les instruments passifs de leur détestable politique. Tous les commandants des places, et avec eux, les officiers qu'ils avaient consultés, furent menacés de la peine capitale, par l'arrêté du directoire exécutif, du 16 messidor an VII.

On n'eut aucun égard à ce qui avait précédé ou accompagné les opérations de cette campagne. On supposa une liaison entre les combinaisons de la guerre extérieure et la résistance des places qui devaient appuyer les armées, et ces principes militaires, on le sait, furent constamment méconnus avant et après les premières hostilités. Mais il fallait désigner au peuple des victimes, pour qu'il ne pensât pas à ceux mêmes qui le flattaient ainsi des apparences *du juste* (1).

Les autres, vrais amis de leur pays, plus sages et plus instruits du passé par l'histoire, n'avaient pas oublié que l'usage des forces qu'on doit faire hors de l'état est du ressort du gouvernement; que le bon emploi dépend encore plus de sa prudence que de celle des chefs militaires; qu'après s'être opposé aux entreprises de l'ennemi par des places en état de défense, il doit exercer une surveillance continuelle pour qu'il soit pourvu à tout l'appareil de la guerre, au bon état des troupes, et enfin à tout ce qui peut prévenir les tentatives de l'ennemi. Ceux-ci n'hésitèrent pas à accuser les gouvernants; mais ils n'osèrent avouer publiquement leurs écrits.

L'historien qui transmettra à la postérité les événements qui se sont passés dans le courant de l'an VII,

---

(1) *Du juste*, pour *d'une guerre juste*, expressions qu'il eût été imprudent, peut-être même dangereux d'employer en présence de certains juges et d'un nombreux auditoire.

forcé de remonter à leur cause, la trouvera sans doute dans les mœurs et la démoralisation du xviiime siècle. Si, pour l'effet qu'elles ont produit parmi nous, il parle des hommes qui en furent les instruments, il nommera *Schérer*, général en chef de l'armée française en Italie, après avoir fait connaître plus particulièrement *Schérer* ministre. Qui sait, dans ce dernier examen, sur qui tombera toute son indignation, pour peu qu'il remonte à des époques plus reculées ?

Mais laissons-lui la tâche pénible d'approfondir tous ces mystères d'iniquités, et puisque nous ne pouvons rien sur les maux qu'ils ont fait au corps social, occupons-nous à réparer, s'il est possible, celui qu'ils font éprouver, depuis dix-huit mois, aux accusés qui sont aujourd'hui traduits devant vous.

Les batailles des 6 et 16 germinal, que les Français livrèrent dans la campagne de l'an vii, leur furent funestes toutes les deux. Nous savons qu'elles forcèrent l'armée à une retraite qui se convertit bientôt en une déroute complète : il est vrai, qu'à parler exactement, la retraite n'est qu'une espèce de fuite; car se retirer, dit le chevalier de Folard, c'est fuir, mais c'est fuir avec art et un très-grand art.

La retraite doit donc être prévue et méditée d'avance, de manière que les moyens, pour l'exécuter, soient prêts au moment où le Général s'y voit forcé. Elle suppose des principes et des règles qu'on doit y observer dans les marches. Outre ces connaissances de la tactique, il faut de plus avoir le jugement et le coup – d'œil excellent pour changer ou varier les dispositions des troupes, suivant les circonstances des temps et des lieux. Le plus grand sangfroid doit surtout accompagner le général dans toutes ses actions, afin qu'il puisse veiller au mouvement de toute l'armée, pour la rassurer, lui donner de la confiance, et même la tromper, s'il est possible, sur le danger auquel elle se trouve exposée : faire ensorte enfin qu'elle ne se persuade point que tout est perdu, et que la fuite seule peut la mettre en sûreté. C'est un art qui n'appartient qu'aux grands capitaines : les médiocres ont peu de ressources dans ces occasions ; ils ne savent que dire, suivant l'expression du maréchal de Puységur, et tout est à l'abandon.

On me dispensera, je pense, des applications que je pourrais faire ici : le résultat n'est que trop connu (1).

Il nous suffit de savoir que les mêmes causes qui amenèrent la défaite de l'armée devaient assurer aussi la reddition de presque toutes les places d'Italie, qu'on avait, pour ainsi dire, abandonnées à elles-mêmes, au milieu du désordre qui régnait dans tous les services.

Avant le renouvellement des hostilités, au lieu de profiter de près de deux ans de paix dont on avait joui depuis le traité de *Léoben*, pour mettre les places d'Italie sur l'état le plus respectable de défense, on ne s'en occupa que pour les dégarnir, et leurs fortifications ne furent pas même réparées. J'aurais

(1) Voir les opérations des siéges de Mantoue et de Gênes.

trop d'exemples à citer à l'appui de cette vérité, si
je voulais passer ici en revue toutes celles qui furent
ainsi réduites à l'impossibilité d'une défense un peu
longue (1).

(1) Monsieur de Foissac-Latour, général de division, s'expri-
mait de même sur l'ensemble des opérations de cette campagne,
page 25 de l'avant-propos de son Journal historique et rai-
sonné des opérations militaires et administratives, qui eurent
lieu dans la place de Mantoue, dont le commandement lui fut
confié depuis le 9 germinal jusqu'au 10 thermidor de la même
année. Cet ouvrage, si supérieur à tous les éloges que nous
pourrions lui donner, même dans une analyse, doit être consi-
déré par tous les militaires comme un des meilleurs traités pra-
tiques qu'ils puissent se procurer sur la défense des places : il
fut imprimé en l'an IX, édition in-4°, chez Magimel, Quai des
Augustins, n° 75. Il me fut communiqué, en 1808, à Avignon, par
le fils de M. de Foissac-Latour, alors lieutenant dans la légion
Hanovrienne, en garnison dans cette ville. En annonçant dans
la page citée que la reddition de Mantoue fut étrangère à la
défaite de Novi, il dit : « Mais dût cette preuve être marquée
» en caractère équivoque de toutes celles de ce genre, et parai-
» tre sujette à discussion, il n'y aurait qu'un malheur de plus
» à compter, mais non *une culpabilité* à dénoncer, si je vou-
» lais remonter jusqu'à l'origine des causes qui ont affaibli, tron-
» qué les moyens de défense nécessaires à la place qui m'était
» confiée ; si je prouvais qu'au lieu de disséminer une armée
» *dans beaucoup de places qui n'étaient ni capables de ré-*
» *sister longtemps, ni capables d'arrêter un puissant corps*
» *d'armée*, il eût été plus conforme aux principes de l'art de
» les abandonner et de donner plus de consistance à la garni-
» son de Mantoue ; si j'attaquais *jusqu'à l'intention du général*
» *ou du conseil* qui a fait le contraire ; si je laissais entendre
» qu'on ne m'a point appelé à celui qui a arrêté les disposi-
» tions pour Mantoue, afin qu'on pût me faire une si mince
» portion, sans craindre mes représentations et les débats qui

Cependant Ferrare, malgré les dispositions de ses habitants en faveur d'un ennemi victorieux sur tous les points, l'immensité de son enceinte, l'extrême faiblesse de sa garnison qui n'était pas au dixième de celle nécessaire en temps de siège, le manque de canonniers et de bombardiers, la défectuosité et le mauvais état de ses fortifications construites sur un sol bas et marécageux, la quantité prodigieuse de combustibles qu'on avait réunis dans la citadelle sans nécessité; les facilités que l'ennemi avait trouvées dans les approches de cette place pour établir ses batteries derrière des parallèles toutes faites, soutint, à travers tant d'obstacles, un blocus qui dura depuis le 28 germinal jusqu'au 5 prairial, que la citadelle fut rendue à l'ennemi. L'apparition momentanée que fit, le 10 floréal, avec sa division, le général Montrichard, bien loin d'avoir été utile à cette place, faillit, au contraire, coûter sa perte l'instant d'après son départ. Pendant les quatre ou cinq heures qu'il resta dans la ville, il ne s'occupa qu'à donner des ordres qui devaient faire naître le découra-

» eussent suffisamment éclairé ce point; si je disais *que sans*
» *les fautes graves faites aux malheureuses journées des*
» *6 et 16 germinal,* Mantoue n'eût pas même été attaquée;
» que la bataille de Novi n'eût pas eu lieu etc., etc. Que de
» traîtres, que de coupables, pourraient indiquer, avant d'ar-
» river à moi et à mes braves compagnons, les dénonciateurs
» qui ne rêvent que dénonciations et crimes !... Ainsi retran-
» ché derrière la foule des premiers en ligne d'accusation, j'y
» trouverais mon égide, sous la protection des traits de la ma-
» lignité et des sophismes, que j'appellerais avec emphase les
» dilemmes de l'art. »

gement dans tous les cœurs; il emmena avec lui l'adjudant-général Hullin, qui jouissait de beaucoup de crédit, un grand nombre d'officiers recommandables par leurs talents, les meilleures troupes de la garnison, et tout l'argent qui se trouvait en caisse. Si on ajoute à l'état de pénurie où il laissa le chef de bataillon Lapointe, que cet officier prit alors malgré lui le commandement en chef de la ville et de la citadelle, qu'il ne reçut aucune instruction de son prédécesseur pour la défense qu'il avait à faire, ni pour les personnes dont il pouvait se servir avec sûreté dans la ville, on sera sans doute surpris de le voir traduit par-devant un conseil de guerre, avec les officiers qui l'avaient secondé, *pour ne pas avoir défendu la citadelle autant qu'elle aurait dû l'être;* ce sont là les propres expressions de l'acusation en forme de rapport que je vous ai lue.

Il semble que pour conclure de cette manière, il aurait fallu établir évidemment jusqu'à quel point cette citadelle pouvait être défendue, et alors seulement le tribunal aurait pu apprécier la défense qui fut faite, si la commission ne l'avait pas jugée elle-même suffisante. Raisonner ainsi qu'elle l'a fait, c'est conclure d'un principe qu'on ne connaît pas ou que l'on n'a pas préalablement établi. Nous verrons bientôt qu'une pareille conséquence est tout au moins inconsidérée, si elle n'est pas une injustice formelle contre les accusés : je laisse de côté les contradictions que cette accusation renferme.

Je ne parlerai pas non plus de ce qui tient dans

cette affaire à la politique du temps, ni des consé-
quences qui en résultèrent pour l'ensemble des opérations de cette campagne; ces moyens, quoique liés
essentiellement au sort que devaient éprouver toutes
les places d'Italie, et plus particulièrement celle de
Ferrare, tient cependant plus au système de la défense
des accusés qu'au rapport dont je suis chargé.

Mon examen se bornera donc, après quelques no-
tions historiques et géographiques sur Ferrare, à examiner les questions suivantes.

§ 1er.

La citadelle de cette ville, sous le rapport de ses
fortifications, était-elle susceptible d'une longue résistance?

§ 2e.

Quel était l'avantage qu'on pouvait retirer de son
artillerie pour sa défense, soit sous le rapport du
personnel de cette arme, soit sous celui du genre
d'attaque que l'ennemi avait choisi?

§ 3e.

Sa garnison était-elle suffisante en temps de siége?

§ 4e.

Enfin, le commandant Lapointe a-t-il exécuté les
ordres qu'il avait reçus, ou même s'est-il conformé
à ce que prescrit le code pénal militaire pour la défense des places, pour exclure de sa conduite toute
culpabilité?

Ferrare est une ville de l'Italie, qui, avant de faire partie de la république cisalpine, appartenait au St-Siége. Elle était capitale d'un duché de ce nom, et n'a eu le titre de ville que dans le vɪɪᵐᵉ siècle. Elle était autrefois florissante comme tout le Ferrarais, et est entièrement déchue de sa splendeur depuis qu'elle a passé, avec le duché, en 1397, sous la domination des papes, qui y entretenaient un légat.

Cette ville est en effet si déserte aujourd'hui, qu'elle a presque autant de maisons que d'habitants; elle est située sur la plus petite branche du Pô, entre Bologne, Ravenne, Florence et Venise. Elle est à douze lieues de l'embouchure de ce fleuve, c'est-à-dire de la branche sur laquelle elle est placée. Sa fondation date de 595, et est dûe à un exarque de Ravenne, appelé *Smargardas*. Ferrare fut comptée parmi les villes de la Romagne, à cause de sa fidélité aux empereurs romains, et il paraît qu'elle tient encore beaucoup de cette ancienne habitude à la domination des souverains qui leur succèdent; elle fut ensuite soumise aux exarques de Ravenne, aux rois lombards, au St-Siége, et aux Français depuis la guerre de la révolution, et est encore aujourd'hui sous la domination de l'empereur d'Autriche.

La ville est grande et fort longue, la grande rue St-Benoît, qui est traversée à angles droits aux palais Villa et Palavicini par une autre rue, est d'une beauté peu commune. Depuis que les papes possèdent ce pays, il a été négligé; aussi n'en retiraient-ils rien. La dépopulation s'est accrue à un tel point, que

de cent mille habitants qu'elle eut jadis, on n'en comp-
tait plus que vingt-cinq mille. Les eaux se sont débordées,
les canaux engorgés faute de soins, le peu d'habitants
qu'il y avait ne suffisant plus pour ces travaux, l'air y
est devenu malsain. Longtemps avant la révolution de la
France, on avait essayé d'assainir le pays et à le bonifier,
en contenant dans leurs lits les différentes rivières, et en
procurant un écoulement aux eaux stagnantes ; mais ce fut
toujours en vain et presque par des bras étrangers qu'on
opéra. Ces hommes augmentèrent autant la dépense de
ces travaux qu'ils appauvrirent le pays par la consommation qu'ils y faisaient des denrées de première nécessité,
sans rien obtenir pour leur reproduction journalière.

La citadelle est à l'occident de la ville ; elle est assez
grande et régulière, mais peu susceptible, par la mauvaise construction de ses travaux, d'une longue résistance.
Elle fut bâtie par Clément VIII vers l'année 1594, et
lui coûta, dit-on, deux millions d'écus d'or, somme exor-
bitante pour ce temps, mais qui prouve toujours plus combien on dut surmonter de difficultés pour sa construction
sur un terrain marécageux et dans un pays où les bras
manquaient. Sa forme est celle d'un pentagone régulier,
d'environ cent vingt toises du côté extérieur. Sur cha-
cun des fronts de ce pentagone, est une demi-lune (1)
presque sans saillie et dont le peu de capacité ne couvre
ni les épaules ni les flancs des bastions. Ceux-ci sont pleins,
leurs faces ont trente toises de longueur, et sont terminées

(1) La demi-lune est un ouvrage fait en triangle en dehors
d'une place de guerre.

par un flanc retiré perpendiculaire aux courtines (1). Le
fossé, sur les deux tiers de son pourtour, est plein d'eau ;
sur l'autre tiers règne une simple *cunète* (2). En général, son peu de profondeur le rend guéable presque sur
tous les points et particulièrement au-devant des bastions
nos 3, 4 et 5 ; le chemin couvert est extrêmement bas, de
même que son glacis, dont le peu de relief couvre à peine,
en quelques endroits, à la base du revêtement (3).

Les ouvrages de la citadelle sont liés à ceux de la ville
d'un côté, par le prolongement des remparts, et du coté
de la campagne, par celui de ses glacis. En avant du bastion n° 4, et perpendiculairement à sa capitale, coule le
canal du *Cento*, qui n'est séparé du glacis de la citadelle
que par un chemin de halage. De ce canal en part un second, dont la direction est perpendiculaire à la capitale du
bastion n° 5, et dont les eaux, se jetant à volonté dans les
fossés de la citadelle et dans ceux de la ville, vont, par
un bâtardeau qui sert en même temps d'aqueduc, se réu-
nir au centre de la ville, par les fossés du château.

L'intérieur de cette citadelle est extrêmement bas, et
cette difficulté du terrain est un des plus grands obstacles
qui s'opposent à sa défense. Les seuls souterrains existants
dans cette place sont des poternes étroites et humides, servant de communication. Quant aux édifices voûtés, il n'en
existe qu'un seul qui est le bâtiment de l'hôpital ; tous les

(1) La courtine est un mur placé entre deux bastions et qui
en joint les flancs.

(2) Cunète, petit fossé pratiqué au milieu du grand.

(3) Le revêtement est le mur que le fossé a du côté de la
place.

autres n'ont pour toiture qu'une charpente légère, et les murs sont construits avec deux briques pour toute épaisseur.

Lorsque les Français l'occupèrent pour la première fois, le chemin couvert était sans banquettes et n'était ni palissadé ni traversé ; les demi-lunes étaient sans parapets et sans terreplein ; les fossés, couverts de roseaux, formaient partout un sol solide. L'extérieur et les parapets des bastions étaient dans le délabrement que le défaut d'entretien produit avec le temps ; on y fit depuis quelques réparations devenues presques inutiles, soit par les difficultés que présentait le terrain sur lequel on opérait, soit par la mauvaise construction de ces nouveaux ouvrages qu'on n'a jamais pu même compléter.

Tel était l'état de la citadelle par rapport à ses fortifications, à l'époque du mois de nivose an VII.

Si on les considère comme forces intrinsèques d'une place, on peut dire que Ferrare n'est pas une place forte, qu'elle n'a aucune des propriétés qui forcent un assiégeant à battre en brèche, ni de celles qui donnent à l'assiégé les facultés nécessaires pour se défendre sur les brèches, par la double raison que le relief des glacis est trop bas pour couvrir la place, et que celui-là peut à tout instant tenter un coup de main qui lui présente toutes les chances d'une réussite, sans être forcé d'approcher graduellement du corps de la place par des travaux préparatoires et dangereux pour lui.

Le premier soin du capitaine du génie Robert, en arrivant dans cette citadelle, fut de penser à faire blinder tous les édifices dont la plupart tombaient de vétusté, et dont aucun n'était voûté, ainsi que nous l'avons observé, si on n'en excepte cependant le bâtiment de l'hôpital.

Il écrivit, à cet effet, au général Chasseloup, commandant en chef du génie à l'armée, pour lui exposer l'état dans lequel il avait trouvé les fortifications de la citadelle, et lui proposa d'employer à l'opération qu'il voulait entreprendre les arbres des remparts de la ville, comme le seul moyen de pouvoir construire des abris devenus d'autant plus nécessaires en cas de siége, que tous les édifices et même la place d'armes étaient encombrés d'une quantité prodigieuse de combustibles qui alimenteraient l'incendie occasionné par le feu de l'ennemi. Il écrivit aussi pour le même objet au chef de brigade Maubert, sous-directeur du génie à Mantoue, et joignit à sa lettre un mémoire portant en substance que jusqu'au jour de son arrivée, les travaux qu'on avait faits avaient tout au plus pallié la faiblesse de la place, sans rien ajouter à sa force.

Parmi les moyens qu'il proposa pour rendre cette citadelle susceptible de quelque défense, un, entre autres, mérite l'attention du tribunal, comme réunissant à la fois le double avantage d'empêcher l'ennemi d'établir ses batteries derrière l'espèce de parallèle toute faite qu'il trouvait dans la chaussée, provenant de l'excavation du canal du *Cento*, et de battre en brèche la citadelle, sans nécessité d'en approcher.

Il ne fallait, pour obtenir le double effet d'une mesure aussi utile, qu'augmenter le relief des glacis, de manière que leur prolongement pût couvrir l'escarpe de la place, et employer pour cela les terres qui bordaient l'autre côté de la rivière.

On a éprouvé, pendant le temps qu'a duré le bombardement, combien cette opinion était fondée ; ce fut en effet de ce point très-rapproché que l'ennemi faisait tomber le feu le plus terrible sur la place, sans pouvoir être inquiété lui-même par celui de la garnison.

Quel fut le fruit de tant de sollicitudes et de peines ? une réponse du chef de brigade Maubert, qui promit à ce capitaine de se concerter avec lui dans un voyage qui n'eut pas lieu, et de la part du général Chasseloup, le silence le plus absolu.

Livré à lui-même, cet officier profita, dans le courant de pluviôse, de la présence de deux compagnies de sapeurs, pour entreprendre quelques travaux. L'hiver avait été trop rigoureux en l'an VII pour penser à faire travailler plus tôt. Il fit agrandir les barbètes et les demi-lunes, et les répara de manière à pouvoir contenir trois pièces d'artillerie: il entreprit aussi d'autres travaux non moins urgents ; mais le temps ne lui permit pas de les achever. L'argent lui manqua, et les sapeurs reçurent l'ordre de se rendre à l'armée. Il voulut les suppléer par des soldats de la garnison ; mais leur petit nombre, qui diminuait chaque jour par les maladies que la fatigue du service et l'insalubrité de l'air y avaient introduites, ne permirent pas au commandant Lapointe de lui fournir des travailleurs ; il n'y eut pas jusqu'aux forçats qu'il ne tenta d'employer. Leur secours devint bientôt inutile et même dangereux, par la facilité qu'ils eurent à déserter à l'ennemi, en se glissant des remparts qui, on le sait, sont fort bas.

Enfin l'administration départementale fit fournir environ quatre cents arbres, d'un très faible diamètre, au

lieu de dix-huit cents que le capitaine Robert lui avait demandés pour blinder tous les édifices, et ce fut au moyen de ce faible secours qu'il commença à faire des blindages nécessaires aux établissements de l'artillerie, mais seulement en proportion des bois qu'il avait et qu'il fut même obligé de doubler partout, à cause de leur faiblesse.

Tel était, à peu de choses près, l'état des fortifications de la ville de Ferrare et de sa citadelle avant et pendant le temps qu'a duré le siège.

Il eût été à désirer sans doute que, d'après les très-longs détails que j'avais demandés au général Chasseloup, sur les fortifications de cette place, sa réponse n'eût pas été bornée à m'annoncer vaguement qu'au moment d'un blocus *elles étaient en assez bon état*. Ce n'était pas son opinion que je voulais mettre seulement sous les yeux du tribunal. Les preuves que j'attendais de lui, vous deviez les trouver dans un rapport circonstancié de la position de cette place, de ses approches, de la nature de ses fortifications, de l'état où il les avait laissées, enfin dans un avis ainsi motivé sur le degré de défense qu'elle pouvait offrir avec une bonne garnison. Mais il a senti tout le prix d'une réponse plus courte, où les détails ne pouvaient être contestés par les accusés.

Cependant il a convenu de la faiblesse des édifices de l'intérieur de la citadelle, *dont un seul était voûté*, et cet aveu prouverait en même temps, si nous en avions besoin, que les fortifications n'étaient pas elles-mêmes d'une construction bien redoutable pour les assiégeants.

Il est assez ordinaire, en effet, qu'après avoir fortifié les approches d'un poste qu'on veut conserver longtemps, on pense à mettre à l'abri du feu des assaillants ceux qui doivent le défendre, et c'est ce qu'on n'a pas fait pour la citadelle de Ferrare, qui ne devait servir qu'à mettre les troupes du Pape à l'abri d'une insurrection populaire. Aussi voyons-nous dans l'histoire de ce pays qu'elle ne fut élevée sous Clément VIII, après la mort d'Alphonse II, duc de Ferrare et de Modène, et lorsque ce Pape eut reconquis le Ferrarais, qu'afin de contenir les habitants de la ville, dont plusieurs tenaient encore pour César d'Est, fils naturel du dernier duc, qui, en lui laissant son nom, lui transmettait aussi ses droits à sa succession.

Il est donc vrai que la citadelle de Ferrare, par sa position dans un terrain bas et humide, les défectuosités et le mauvais état de ses fortifications, la faiblesse de ses édifices, dont aucun n'était, par sa construction, à l'abri de la bombe, ne présentait en elle-même aucun moyen de défense pour résister longtemps. (1)

(1) « L'on pourrait dire, ajoute encore M. de Foissac-Latour, » que telle place forte ou bastionnée devrait se rendre *sans* » *brèche*, sans qu'aucun juge d'une conscience éclairée et religieuse osât le condamner. *Je le prouverai en citant la plus* » *forte place d'Italie, la citadelle d'Alexandrie*, à laquelle, » malgré les plus beaux bastions, malgré les dehors les mieux » faits, malgré les superbes établissements voûtés à l'épreuve » de la bombe, malgré d'immenses munitions et une garnison » proportionnée à l'étendue de son enceinte, *l'ennemi ne fera* » *jamais de brèche, à moins que ce soit par complaisance;* » attendu que dès qu'il sera maître du chemin couvert, il » pourra la prendre *d'escalade*, en quelque heures de temps, » par une attaque environnante ; *les fossés de cette place* » *ayant été comblés* pour en purifier l'air, ensorte qu'elle ne » conserve plus que quinze pieds de revêtement. » (*Journal historique* déjà cité, première partie, chap. 1er, page 26.)

Je passe à l'examen des avantages qu'on pouvait retirer de l'artillerie de la place pour sa défense.

Je parlerai d'abord du matériel de cette arme. Il paraît, par le nombre des bouches à feu qui existaient dans
la citadelle, qu'elles pouvaient suffire à ses ouvrages. Sans
prétendre en déterminer ici la situation d'une manière
bien précise, nous pourrons cependant la trouver, par ap-
proximation, dans les différents renseignements qui nous
sont parvenus.

La commission militaire porte le nombre des bouches
à feu à soixante, dans son rapport fait au ministre de la
guerre. Le chef de bataillon Triquenot, commandant de
l'artillerie, le porte à soixante et dix-sept de seize calibres
différents, dont un cinquième monté sur affuts neufs,
deux cinquièmes sur affuts réparés, un cinquième sur
affuts à réparer, et le dernier cinquième, sur affuts hors
de service.

Il est vrai que, par la situation que j'ai reçue du Ministre
de la guerre, ce nombre s'élèverait encore plus haut,
c'est-à-dire à cent vingt-trois pièces d'artillerie tant en
bronze qu'en fer ; mais je dois observer qu'il nous suffit
de savoir que le terme moyen de soixante et dix-sept
bouches à feu, que les accusés reconnaissent avoir existé,
étant aussi celui nécessaire à la défense de la citadelle,
nous devons nous y arrêter avec d'autant plus de confiance, que nous ne pourrions que tomber dans des er-
reurs, en prenant pour base la dernière situation envoyée
au Ministre de la guerre, le 30 pluviôse an VII, c'est-à-
dire cinquante-huit jours avant le blocus.

Mais s'il existait assez de canons pour la défense de la
place, on peut assurer aussi que le nombre des canonniers

était bien insuffisant à son artillerie, pour en retirer tout l'avantage qu'on aurait pu se promettre, si toutes les pièces avaient pu être servies à la fois.

J'ai consulté en vain le général commandant en chef l'artillerie de l'armée d'Italie, sur la situation du personnel de cette arme dans la place de Ferrare. Je me suis adressé avec aussi peu de succès, pour le même objet, au Ministre de la guerre, qui m'a répondu, le 16 frimaire dernier, qu'il ne pouvait me fournir cette situation, *ne la connaissant pas lui-même.* L'adjudant-général Hullin est le seul qui ait satisfait à ma demande à cet égard ; il la porte, dans la lettre qu'il m'a adressée, à environ cent quatre-vingts hommes, presque tous recrues ou étrangers au service des places. Il les compose de cent vingt canonniers cisalpins, de quarante de la cinquième compagnie de volontaires, et le reste de l'artillerie de la marine. Il résulte donc que dans ce nombre il n'y avait pas un canonnier de ligne ni un seul bombardier ou artificier. Le chef de bataillon Triquenot nous l'assure lui-même dans son interrogatoire, et est d'accord, dans cette assertion, avec le capitaine du génie Robert et le chef de bataillon Lapointe, commandant de la place. Il avoue, de plus, que le nombre des canonniers sous ses ordres était de cent cinquante ; mais il ajoute qu'il en a perdu, pendant le temps qu'a duré le blocus, à peu près le tiers par les maladies ou le feu de l'ennemi ; que dans ce nombre il s'est trouvé deux officiers dont l'un a été blessé, et l'autre fait prisonnier.

Je pense que ces deux situations sur le personnel de l'artillerie ne différant pas de beaucoup, il est aussi utile d'adopter l'une que l'autre.

Mais il est à remarquer que l'inexpérience des canonniers était telle, que tirant sur l'ennemi, ils forcèrent de déserter le chemin couvert dont ils eurent la maladresse de renverser les corps-de-garde. Ce fait est connu de tous les militaires qui composaient la garnison de Ferrare, et la procédure en fait foi.

Si on ajoute à ces détails qu'après avoir prélevé les hommes nécessaires au transport des munitions, il ne devait plus rester pour le service de soixante-et-dix-sept bouches à feu de différents calibres qu'à raison d'un seul canonnier pour chaque pièce, ou se convaincra aisément que ce nombre était trop insuffisant à une artillerie si nombreuse, dont le service se multipliait, pour ainsi parler, en raison de la variété des calibres, et que conséquemment le feu qui partait de la citadelle ne pouvait être que très-lent et sans effet contre un ennemi enfoui dans la terre.

Nous allons démontrer que le défaut de bombardiers augmenta ces difficultés, et rendit même le feu tout-à-fait nul par rapport au genre d'attaque que l'ennemi avait choisi.

Avant d'entrer dans cet examen, j'ai cru devoir faire précéder mon récit de quelques principes avoués des auteurs qui ont traité des siéges des places.

On les divise, disent-ils, en plusieurs espèces, suivant l'état des villes qu'on doit attaquer et la méthode qu'on y emploie. Le premier est celui qu'on nomme le siége royal, ou le véritable siége. C'est celui pour lequel on fait tous les travaux nécessaires pour s'emparer de la place, en chassant successivement l'ennemi de toutes les fortifications qui la défendent. On n'a recours à cette sorte de siége que pour les villes considérables et importantes, et c'est de ce siége qu'on entend parler ordinairement lors-qu'on dit qu'une armée fait le siége en règle d'une place, c'est-à-dire qu'elle la bat en brèche et pratique des che-mins couverts entre ses batteries et les remparts, pour s'emparer des premiers ouvrages et tenter ensuite l'es-calade. Le siége qui ne demande point tous ces travaux, se nomme simplement attaque. C'est pourquoi lorsqu'un corps de troupe est envoyé pour s'emparer d'un poste, d'un château fort ou de quelque place mal fortifiée, occupé par l'ennemi, on ne dit point qu'on va en faire le siége dans tous ses dispositifs, mais l'attaque.

Cette distinction m'a paru d'autant plus utile dans l'examen que nous avons à faire, qu'on a confondu le siége qui se fait dans les formes indiquées pour le siége royal, avec le bombardement qui n'est qu'un genre d'at-taque.

Le général Chasseloup, dans la réponse que je vous ai lue, paraît en effet être lui-même dans cette erreur, lors-qu'il prétend que la citadelle de Ferrare pouvait tenir pendant douze jours de tranchée ouverte, » temps, dit-il, » qui était nécessaire aux assiégeants pour pratiquer des » chemins couverts à l'abri desquels ils seraient parvenus aux pieds du rempart. Sans doute cette confusion ne peut provenir chez lui que de l'oubli où il était, après deux ans, des moyens qu'employa l'ennemi pour réduire la garnison de la citadelle de Ferrare.

En effet, ce général pense qu'il en fit le siége en règle, tel qu'auraient pu l'exiger les places de Metz, Strasbourg, Lille ou Valencienne, ou toute autre place de cette im-

portance qui en serait susceptible, par les difficultés d'en
approcher, et pour lesquelles, outre l'attirail d'une grosse
artillerie, il aurait fallu celui que nécessite une tranchée
ouverte où l'assiégeant chemine peu à peu au corps de la
place et à couvert de son feu.

Mais cette marche lente et dangereuse n'était pas celle
qu'avait choisie le général *Klénau* dans l'attaque de la citadelle de Ferrare. Il savait, par les rapports de tous les
habitants de la ville, combien les énormes approvisionnements qu'elle renfermait faciliteraient l'embrâsement
général de tous les édifices, dont aucun n'était voûté et
avaient été construits avec deux briques pour toute épaisseur. Aussi n'hésita-t-il pas, dès le 28 floréal, à tout dis-
poser pour un bombardement. On peut même dire que
la nature de l'attaque qu'il avait choisie était celle que lui
commandaient les approches de cette place, et qu'il devait y trouver de plus la célérité de son expédition.

Son attaque était en effet justifiée d'avance tant par
l'avantage du terrain dans la parallèle toute faite qu'il
trouvait au-delà du *Cento*, que par la facilité d'un prompt
embrâsement d'autant plus inévitable, que tout devait servir à l'alimenter dans la citadelle, et que rien ne pouvait
empêcher qu'il ne devînt général, puisqu'on n'avait pu se
procurer des pompes à incendie. Il savait aussi qu'il pouvait l'opérer sans aucun danger pour ses soldats, et dans
cette position heureuse n'eût-il pas été blâmable d'entreprendre un siége en règle, en s'approchant peu à peu de la
place pour en tenter ensuite l'assaut, lorsqu'il pouvait la
réduire en moins de temps qu'il n'aurait mis sans doute
à creuser une partie des fossés dont il aurait eu besoin?
Était-il même bien certain qu'il eût pu exécuter, sans des

obstacles inouis, ces sortes de travaux sur un terrain bas et humide, traversé d'ailleurs par des canaux ?

Pour l'exécution du projet qu'il avait préféré, il disposa donc ses batteries de manière à ne pouvoir être inquiété par le feu de la place, et à le rendre bientôt nul.

Il en établit sept, la plupart de mortiers et d'obusiers ; celles qu'il plaça à droite et à gauche de son attaque étaient à environ deux cent cinquante toises du corps de la place. Dans les feux croisés qui en partaient, l'ennemi avait eu pour objet de culbuter les batteries de la cita delle, en les prenant en flanc et en queue, tandis que ses mortiers et ses obusiers devaient en embrâser et détruire l'intérieur.

Quant à celles du centre, elles n'étaient qu'à environ cent cinquante toises de la place. L'ennemi, par la nature de ses ouvrages autant que par l'établissement derrière la chaussée, au-delà du *Cento*, de ses batteries, annonçait donc que son dessein n'était que pour un bombardement, et qu'il ne se proposait pas de cheminer ultérieurement sur le corps de la place. Aussi l'effet de ces dispositions seconda-t-il bientôt toutes ses espérances.

L'incendie commença d'abord par les foins et les pailles dont était encombrée cette citadelle : il se communiqua bientôt aux fagots.

Nous voyons en effet, par la situation qui m'a été adressée par le Ministre de la guerre, qu'il y avait, au 30 pluviôse, onze mille huit-cent cinquante-un quintaux vingt-huit livres de foin, et dix mille cinq cent cinquante-un quintaux vingt-neuf livres de paille, pour la nourriture de trois cents chevaux de cavalerie qui ne

firent jamais partie de la garnison, ou de deux cent
vingt-neuf bœufs qui étaient destinés dans la citadelle
à servir de nourriture à trois mille trois cents hommes
jugés nécessaires à sa défense ; quant au bois, il y en
avait, d'après cette situation, vingt-six mille dix-neuf
quintaux trente-six livres. Il paraît même, par le rapport du commissaire des guerres *Dufour*, que cette
quantité prodigieuse de combustible aurait plutôt aug-
menté par de nouveaux approvisionnements faits quelque temps avant le blocus de la place, que diminué par la
consommation. Il assure en effet qu'il y avait des approvisionnements en tout genre pour quatre mois, la garnison eût-elle été au complet de trois mille hommes,
au lieu que ceux dont je viens de faire l'énumération
ne devaient pas suffire, même pour trois mois, au même
nombre d'hommes ; aussi l'adjudant général Hullin nous
assure-t-il qu'il a toujours regardé cet amas énorme
de combustible comme un des plus grands obstacles qui
devaient s'opposer à une défense un peu longue dans
cette citadelle.

Le feu embrasa bientôt après une écurie du côté de
la salle d'armes, un magasin d'effets de casernement,
un autre quartier près des hangards de l'artillerie, le
blindage de la galerie servant aux distributions. Il en
fut de même de celui du magasin à poudre du bastion
n° 3 ; l'édifice de la boucherie fut écrasé ; celui de la
boulangerie eut aussi ses fours ruinés ; le quartier des
ateliers en bois et en fer fut détruit ; le toit de la salle
des artificiers renversé, et les matières inflammables
qu'elle renfermait restèrent à découvert. Les écuries des
bestiaux ne furent pas mieux traitées, la chute de leur

pignon entraîna de suite celle du toit ; plusieurs bœufs ou chevaux furent écrasés, d'autres couraient épouvantés dans la citadelle ; tous les autres édifices furent endommagés. Les éclats seuls des bombes suffisaient pour faire tomber les murailles, ensorte qu'on peut assurer que plus rien n'était habitable après un bombardement de sept heures.

La mitraille, les autres projectiles de l'ennemi, les embarras de toute espèce qui se trouvaient réunis dans la citadelle empêchaient même à l'artillerie de communiquer d'un ouvrage à l'autre. Les pièces de canon de la demi-lune des bastions nos 2 et 3, celles de la barbète du bastion no 4, celles du flanc gauche en haut du même bastion, celle de l'ancillon droit du bastion no 5, furent démontées par le feu de l'ennemi ou mises hors de service par la rupture de leurs essieux.

Que pouvait l'artillerie de la citadelle contre un ennemi enseveli, pour ainsi dire, dans des môles de terre, ou placé dans les bas-fonds? Les coups directs ne pouvaient que ficher dans le massif des terres qui le couvraient ou bien ricochaient au-dessus de ses batteries. La seule manière de répondre au genre d'attaque de l'ennemi était sans doute de plonger dans ses batteries, en jetant une grande quantité de bombes et d'obus ; mais les mortiers de la citadelle ne purent être d'aucune utilité, faute de bombardiers. Le Commandant de l'artillerie voulut cependant essayer lui-même cette machine de guerre; il ne tarda pas à s'apercevoir que l'effet devenait nul, ne fût-ce que sous le rapport de ses forces qui ne lui permettaient pas de continuer. D'ailleurs beaucoup de bombes qu'il lança n'éclataient pas et d'autres n'arivaient qu'à moitié chemin. L'ennemi n'en put donc ressentir les effets pas plus que ceux du canon.

Il est donc démontré que l'avantage que l'on retira de l'artillerie de la citadelle fut tout-à-fait nul, soit sous le rapport du personnel qui était insuffisant, soit sous celui de l'attaque, si avantageuse à l'ennemi qu'on ne pouvait l'empêcher de s'établir très-près de la place, encore moins le débusquer de ses positions, faute de moyens (1).

Je vais examiner si la garnison de Ferrare était suffisante en temps de siége.

(1) Dans l'examen des matières de la loi pénale, du 26 juillet 1792, sur la défense des places, M. de Foissac-Latour termine par cette judicieuse réflexion : « Il faut donc à la loi, dit-il,
» une échelle graduée, comme la force intrinsèque des places
» est à la force relative des garnisons ; comme le rapport des
» moyens nécessaires, aux moyens existants ; comme le rapport
» des circonstances qui laissent à ces moyens toute leur inté-
» grité, *aux circonstances qui peuvent les atténuer*, et là,
» le degré de cette échelle se réduira à *zéro*. Quant à la peine
» à infliger à ceux qui auront rendu des places où les con-
» structions de l'art seront contraires à ces principes, ou leurs
» avantages ne seront en tout ni en partie ceux que nous avons
» détaillés dans l'examen des places bien fortifiées, *ou des cir-*
» *constances défavorables viendront encore se joindre à*
» *leur absence.* Ainsi, pour l'observer en passant, une loi
» éclairée à cet égard, une loi juste qui donne à l'état une sû-
» reté convenable, sans offrir au courage ni aux talents de
» l'homme de génie rien d'alarmant, rien qui lui fasse redouter
» pour son repos et pour sa gloire de prendre un commande-
» ment, cette loi, dis-je, est au moins aussi difficile à réfléchir
» qu'une loi sage contre l'abus de la presse ou contre les ra-
» vages effroyables de la calomnie. » (*Voyez page 28 de la pre-*
mière partie de l'ouvrage cité dans ce rapport.)

La commission militaire estime dans son rapport que cette garnison était réduite à douze cents hommes, lorsqu'elle se retira dans la citadelle. L'adjudant général Hullin l'augmente de six hommes seulement, et la compose de quatre cents soldats qui formaient le bataillon de garnison ; de la cinquième demi-brigade de ligne ; de cinq cents de celui de garnison de la quatorzième demi-brigade aussi de ligne ; de quarante de la cinquième compagnie de canonniers volontaires ; de cent vingt de l'artillerie cisalpine ; de trente-six de l'artillerie de la marine ; de quinze canonniers ; de cinquante soldats de la garde nationale de Bologne ; de trente de l'infanterie piémontaise : de quinze de cavalerie : en tout douze cent six hommes.

Le chef de bataillon Lapointe convient que ce nombre était, à six hommes près, celui de la garnison qu'il commandait.

Voyons maintenant si tous ces hommes étaient disponibles pour un service aussi actif que celui que nécessite une place assiégée.

Nous trouvons dans l'information la preuve que sur neuf cents soldats qui composaient les deux bataillons de garnison des cinquième et quatorzième de ligne, plus de quatre cents étaient blessés ou infirmes, et que pour ces motifs on les aurait fait passer dans ces sortes de bataillons, en attendant qu'on pût leur expédier des congés absolus, pour raison d'invalidité.

Les conseils d'administration de ces demi-brigades ont attesté cette vérité par les certificats que je vous ai lus. Le chef de bataillon Gaillard a avoué, dans son interrogatoire, qu'il n'attendait plus que l'ordre de son chef de brigade pour délivrer plus de douze cents congés aux hommes qui étaient incapables de servir dans son bataillon. Plusieurs des accusés ont soutenu avoir entendu dire au chef de bataillon de Sacy, qui commandait le bataillon de garnison de la quatorzième demi-brigade, qu'il avait aussi deux cents hommes à réformer dans son bataillon. Le général Chasseloup convient lui-même qu'une des causes des faibles défenses qu'ont fait les garnisons de la plupart des places d'Italie, est surtout dans la mauvaise composition des garnisons qu'on y avait mises *à la hâte*. Il résulte même du rapport de la commission militaire qui est ici accusatrice, que sur douze cent cinquante hommes, formant la garnison de Ferrare, une partie était malade, et que, parmi les autres militaires, il y en avait un grand nombre *d'étrangers effrayés* et de *Français peu valides*. Ce sont là les propres expressions dont elle se sert pour faire connaître la faiblesse de la garnison de la place de Ferrare. *Elle a senti*, ajoute-t-elle dans un autre passage, *tous les désavantages que présentait au commandant Lapointe la faiblesse et la composition de la garnison, et surtout l'insuffisance du nombre des canonniers et leur inexpérience.* Il est bien surprenant que dans une telle conviction elle ait préféré, à des faits reconnus, des considérations puisées dans des principes qu'il est toujours plus facile de justifier dans le discours, que de rendre applicables aux circonstances où l'on se trouve, et que surtout elle en ait fait la base de son accusation, en créant ainsi une culpabilité envers les accusés, là où elle n'aurait dû compter qu'un malheur de plus dans l'échelle de ceux préparés pour la France, et que ses gouvernants voulaient faire peser sur ses armées.

On peut donc conclure de ces opinions réunies, que la garnison de Ferrare devait se trouver réduite à un très-petit nombre de combattants qui ne pouvaient excéder cinq cents hommes ; que ceux-ci étaient presque tous des recrues arrivées depuis si peu de temps, qu'on n'avait pas encore eu celui de les exercer ; que de plus, ils étaient armés de vieux fusils. On se rappelle que la plupart éclatèrent entre leurs mains, et que plusieurs, ainsi que cela a été prouvé, étaient hors de service.

Les hommes qui restaient disponibles étaient donc bien loin du nombre d'hommes qu'il aurait fallu pour défendre une citadelle dont les remparts étaient soufflés et lézardés en plusieurs endroits, et qui, par les facilités que trouvait l'ennemi d'en approcher, devait faire craindre à tout instant à la garnison d'en venir aux mains avec lui. Il semble même que plus ses fortifications étaient défectueuses et en mauvais état, et plus on devait y suppléer par la force de sa garnison, si on avait jugé la place de Ferrare d'un intérêt assez majeur pour seconder les mouvements de l'armée Française. Mais ce n'est pas ce qu'on a témoigné par l'état d'abandon où on l'a laissée avant et depuis les premières hostilités de cette campagne.

Quelque difficile qu'il soit de fixer le nombre des troupes d'infanterie et de cavalerie dont on doit composer la garnison d'une place menacée, on peut avancer que cette fixation dépend autant de sa grandeur et de sa situation, que de ce qu'elle a à craindre de la part de l'ennemi ou de celle des habitants.

Nous voyons cependant, par les approvisionnements de siège de la citadelle de Ferrare, que le Ministre de la guerre ou le général en chef qui les avait ordonnés, avait fixé sa garnison à trois mille hommes d'infanterie et à trois cents hommes de cavalerie.

M. de Vauban, dont l'opinion à cet égard commande toute notre confiance, prétend, dans ses mémoires, que dans une place fortifiée suivant les règles de l'art, avec de bons bastions, demi-lunes et chemins couverts, il faut en infanterie seulement six cents hommes par bastion ; quant à la cavalerie, elle doit être réglée, d'après le même auteur, au dixième de l'infanterie.

Il aurait donc ainsi placé trois mille hommes d'infanterie et trois cents hommes de cavalerie pour défendre la citadelle de Ferrare, formée de cinq bastions.

Je dois ajouter que cette garnison était au moins nécessaire dans une circonstance où elle avait à combattre contre les troupes de l'empereur et tout un peuple d'insurgés qui s'était armé contre elle, et ne lui permettait pas la moindre communication avec l'armée Française. Je ne puis dire si cette garnison aurait suffi dans le cas où il aurait fallu faire des sorties fréquentes et nombreuses pour débusquer l'ennemi des positions avantageuses qu'il avait trouvées dans les approches de cette place.

Il est donc facile de s'apercevoir que cinq cents combattants au plus, y compris encore les canonniers, ne
devaient pas suffire pour la défense de cette citadelle
où le Pape avait accoutumé d'y entretenir en temps de
paix, pour le service ordinaire, quatre cents hommes,
malgré le peu de troupes qu'il avait sur pied (1).

Examinons enfin si le commandant Lapointe a exécuté l'ordre qu'il avait reçu du général Montrichard, ou
même s'il s'est conformé à ce que prescrit le code pénal
militaire pour la défense des places, pour être hors d'at-
teinte d'une culpabilité.

Cet ordre, du 10 floréal an VII, porte *qu'il prendra*
le commandement de la place et citadelle de Ferrare,
et que dans le cas où des forces majeures, des mouve-
ments populaires, *ou bien tout autre motif l'obligeraient*
à abandonner la ville, il se retranchera avec les troupes
qu'il aura sous ses ordres dans la citadelle qu'il défen-
dra jusqu'à extrémité.

(1) « Et pourquoi cette loi (celle du 26 juillet 1792, an IV ; sans
» doute c'est l'an IV de la liberté), plus propre à faire des victi-
» mes qu'à assurer la justice, permet-elle de capituler dans le
» cas où l'on manque de vivres ou de munitions de guerre?
» N'étend-elle pas aussi cette faculté au cas où la place manque
» d'hommes? Ne sont-ce pas surtout les hommes qui constituent
» la force des places? Ce n'est que parce que c'est bientôt man-
» quer d'hommes que de manquer de vivres, que ceux-ci de-
» viennent ici une raison déterminante ; ainsi l'esprit de cette
» expression remonte toujours aux hommes. » (*Journal histo-*
rique de Foissac-Latour, cité page 8, première partie,
chapitre premier, page 26.)

3

Le général Montrichard nous explique, dans sa réponse, quelle est l'extension naturelle de cette expression, en termes militaires. Il nous assure qu'il n'avait donné au citoyen Lapointe d'autre instruction *que de faire usage de tous les moyens qu'il avait sous la main, et d'employer toutes les ressources pour défendre la citadelle.* Ce sont-là les expressions dont ce général se sert : il ne pouvait en effet donner un autre sens à ce mot ; car il serait aussi absurde qu'injuste d'exiger que le commandant d'une place, après avoir perdu tout espoir de secours pour une plus longue résistance, vît s'ensevelir le dernier homme de sa garnison, avant que de capituler. Tout ce qu'on peut raisonnablement exiger de lui, c'est qu'il fasse de son mieux pour défendre la place, et qu'il ne demande à capituler que lorsqu'il lui sera devenu absolument impossible de la garder plus longtemps sans exposer sa garnison à être forcée ou perdue pour son pays. Telle est, si je puis m'exprimer ainsi, l'âme de la capitulation. Si on pouvait exiger davantage, les motifs que j'ai déduits dans le rapport de cette affaire ne seraient pas plus admissibles pour justifier le commandant Lapointe, pour la reddition de la citadelle de Ferrare, que le seraient la peste, la famine, l'inondation, ou le manque absolu des munitions de guerre, pour justifier la reddition de toute autre place de guerre. On sent tout ce qu'une pareille obligation aurait d'impossible dans l'exécution, et même d'extravagant.

Si donc les places ont été jugées nécessaires pour la sûreté d'un état, nous ne pouvons le dissimuler, les gar-

nisous ne le sont pas moins ; elles doivent être propor-
tionnées à leur grandeur et au nombre des ouvrages de
leurs fortifications ; car enfin, on le sait, ce ne sont point
les ouvrages qui défendent les places, mais les hommes
qui les rendent redoutables aux assiégeants.

La garnison de la citadelle de Ferrare était si faible,
que non seulement elle ne pouvait attendre de la défendre plus longtemps avec avantage, mais que les hommes
qui la composaient ne suffisaient pas même à tous les
postes qu'elle avait à garder. Elle aurait donc pu se
trouver prise sans s'en apercevoir, pour peu que l'ennemi
eût douté de l'effet que devait produire sur elle l'embrâsement général de tous les édifices de la citadelle, et qu'il
eût voulu tenter un coup de main sur le corps de la place,
dont les approches lui auraient facilité la réussite.

Dans une position aussi critique, le chef de bataillon
Lapointe, sans espoir comme sans moyens de conserver
cette citadelle, a donc dû sauver sa garnison, puisqu'elle
ne pouvait plus rien dans l'embrâsement général de tous
les édifices, qu'il était impossible de prévenir comme d'arrêter dans ses progrès. En cela on peut dire qu'il a exécuté l'ordre qu'il avait reçu de ne la rendre qu'après avoir
fait usage de tout ce qu'on avait mis à sa disposition,
c'est-à-dire *jusqu'à extrémité* (1).

(1) Nous croyons pouvoir appliquer (*à fortiori*), à la place de
Ferrare ce que le général Foissac-Latour disait, page 92 de
l'ouvrage que nous avons cité, en parlant de la reddition de
Mantoue, et invoquer aussi son opinion pour appuyer celle que
nous avions nous-même émise sur les causes ou les événe-

Mais, dira-t-on peut-être, il devait attendre qu'il y eût brêche praticable. Nous avons prouvé que l'ennemi n'a-

ments qui précédèrent les opérations de cette campagne, « cer-
» tainement (dit-il), la reddition de Mantoue est un anneau
» dans la chaine des malheurs militaires; mais c'est le sort, la
» force majeure. C'est Mars et Vulcain qui ont forgé cet anneau
» en y employant la main faible et tremblante *de la fièvre au*
» *teint pâle, à la marche inégale.* Si l'on peut s'apercevoir que
» cette reddition tient, d'un côté, aux événements subséquents,
» il ne faut pas oublier qu'elle tient aussi de l'autre aux événe-
» ments antécédents, aux journées des 6 et 16 germinal (dans
» lesquelles on commit de grandes fautes, soutient-il ailleurs),
» à la retraite précipitée derrière l'*Adda,* aux capitulations de
» Brescia, de Peschiera, au passage de la Roca d'Anfo; que dis-
» je ? au désordre, à la misère, à la faiblesse du nombre dans
» nos armées; à l'impéritie, à l'esprit de rapine, etc., etc., etc.
» Et quiconque pourrait remonter au premier anneau de cette
» chaine, dans laquelle celui qui répond à la reddition de Man-
» toue n'occupe qu'un point, serait peut-être très-étonné de le
» trouver dans les mains de plusieurs *de ces empiriques poli-*
» *tiques qui ont surpris la confiance nationale dont ils ont*
» *abusé,* et qui sourient maintenant, sous cape et à l'écart, aux
» soins que se donne la calomnie pour détourner d'eux l'infâ-
» mie et les châtiments, *pour les déverser sur d'autres* et
» pour se procurer la paisible jouissance du produit de cette
» patriotique spéculation. » (*).

(*) Des bons de fournitures militaires non effectués à l'armée depuis les premières hostilités, furent imprimés après la déroute, à Gap, dé- partement des Hautes-Alpes. Trois ballots en furent expédiés à Lyon, pour la compagnie Bodin frères, fournisseurs généraux pour l'armée d'I- talie. Ils devaient les remplir, et sans doute aussi *les régulariser.*
Tous les corps qui faisaient partie de cette armée constatèrent aussi des pertes en habillements, équipements et autres objets non moins précieux; le 1er bataillon des sapeurs du génie fut seul excepté, suivant la lettre très-

vait pas l'intention de la faire dans le genre d'attaque
qu'il avait choisi, puisqu'il lui suffisait, pour réduire cette

explicite à cet égard du Ministre de la guerre qui avait succédé au général
Scherer. En lui annonçant d'aussi grandes pertes pour tous les corps, il
ne put se défendre, comme il le dit lui-même, *de citer sa bonne administration* qui fut dûe en partie aussi aux moyens qui furent employés
lors de sa rentrée en France, pour sauver ses magasins et ses équipages,
malgré l'abandon où il fut réduit à Verceil. Il ne pouvait plus communiquer de ce pays avec le quartier-général de l'armée, ni même avec l'offi-
cier-général qui commandait la division de Turin. Le chef de bataillon
Prudhomme, chef du génie militaire dans cette place, ignorait encore,
le jour que l'ennemi passa le Tésin, si nous étions à Verceil, *pour
attendre de nouveaux ordres* qui n'auraient donc pu nous parvenir le
jour qu'il me les transmit à Turin, où j'avais reçu l'ordre du chef de
mon corps de me rendre en toute diligence et pendant la nuit, afin de
provoquer notre départ. La situation approximative, après cette funeste
campagne, ne put offrir qu'un effectif de trois cent cinquante hommes,
au lieu de dix-huit cents hommes, qui était celui de ce corps au 1er avril
de la même année.

Il n'y eut pas jusqu'au piquet de cavalerie *qui servit d'escorte* à
S. S. le Pape Pie VI, qui ne fût aussi oublié par le régiment dont il
faisait partie. A son retour il ne le retrouva plus à l'armée : il était parti
depuis qu'il en avait été détaché pour se rendre à Poitiers, afin de réparer ses pertes. M. Gontard se vit donc obligé de le rejoindre avec les
cavaliers qu'il commandait alors comme sous-officier. Ils étaient tous
dénués de tout secours, même pour une aussi longue route. Ce brave
militaire mérita, dans la campagne qu'il fit à la grande armée en Russie,
à la suite de quatre blessures qu'il reçut dans divers combats, tous ses
grades comme officier, jusqu'à celui de chef d'escadron, qui lui valut,
depuis sa retraite, le commandement en second de la succursale des In-
valides à Avignon.

Le souverain Pontife fut conduit jusqu'à Briançon et logé dans un hôpital fort exigu de cette petite ville : il ne cessait de prier Dieu, sans
doute pour ses persécuteurs, dans cet asile des souffrances humaines, ne
recevant d'autres consolations de ce monde que de pouvoir admettre tous

citadelle, d'un bombardement. En second lieu, s'il avait voulu tenter ce premier moyen, il lui devenait inutile de battre en brèche avant d'arriver au pied du rempart. Il le pouvait à l'aide des abris qu'il trouvait, vu la faiblesse de la garnison qui n'aurait pu défendre tous les points par lesquels l'ennemi aurait pu la surprendre : le peu d'élévation et le mauvais état des murailles, tout devait lui faciliter l'escalade.

Mais nous soutenons avec la loi que la brèche praticable au corps d'une place n'est pas exigée par le code pénal d'une manière exclusive (1).

les matins à sa table une petite fille de six ans, appartenant à un boulanger du voisinage. Quelques mois après, on feignit de redouter sa présence au milieu d'une place forte frontière, qui était restée sans défense. On ordonna la translation de S. S. dans une ville de l'intérieur, à Valence sans penser qu'elle serait un véritable triomphe pour lui. En effet, les populations des contrées qu'il traversa se pressèrent à l'envi pour former plusieurs haies, visiblement vivantes de tous les sentiments d'amour, du profond respect et de vénération que leur inspirait à tous le Père commun des fidèles, le seul représentant du Rédempteur des hommes, comme vicaire de N.-S. J.-C., comme le plus vénéré et le plus bel homme de son siècle. On savait aussi que naguère on l'avait brutalement chassé de son palais, en ajoutant l'ironie la plus amère à sa puissance spirituelle qui eut toujours son drapeau; en convertissant en outre, peu après les avoir envahis, tous ses états en une sorte de caricature de république éphémère qui ne fut jamais avouée par la population de Rome, ni reconnue par la mère-patrie, pas même par son roi encore mineur, qui peut-être dans sa majorité l'aurait répudiée, parce qu'elle n'avait rien de romain que le nom, à moins d'avouer son origine dûe à des étrangers qui se dirent aussi *Romains*, mais qui ne devaient l'être tout au plus que *du bas empire*, par goût pour la mode.

(1) Par l'arrêté du 16 messidor an VII, on eut l'injustice non seulement d'invoquer les dispositions pénales qui ne sont vi-

Celui du 12 mai 1793, qui est la dernière loi rendue
sur cette matière, porte, à la section 2 de la trahison,

siblement applicables qu'aux commandements des places de
l'intérieur de la France, mais de donner à cet arrêté un effet
rétroactif, pour accabler plus facilement, par cette double mons-
truosité, tous les officiers qui avaient eu le malheur d'être ré-
duits à capituler. A dater du commencement de la campagne de
l'an VII, la capitulation de Ferrare, du 5 prairial même année,
quoique antérieure, se trouvait donc aussi comprise dans la
même proscription que celle de Mantoue, postérieure de vingt-
quatre jours seulement à la date de cet arrêté. C'est ce qui
fait dire à M. de Foissac-Latour, dans l'ouvrage cité, page 26,
1re partie, chapitre 1er : « Cet arrêté, fait pour glacer l'inno-
» cence la plus pure, surtout à une époque où l'esprit révolu-
» tionnaire semblait avoir repris sa domination sur le gouver-
» nement, étant comparé aux règles de l'art et aux lois qu'il
» invoque contre ceux *qu'il suppose coupables,* n'eût pu con-
» cerner le commandant de la place de Mantoue, *à fortiori*
» pourrions-nous dire nous-mêmes, celui de Ferrare. »

Voyez aussi l'opinion de Bonaparte lui-même sur cette ques-
tion, dans ses Mémoires de Sainte-Hélène, du 26 avril 1816, par
le comte de Lascazes, imprimés à Paris chez Lebègue, en 1823,
vol. 3, pag. 112. L'empereur continuant de parcourir Goldmith,
est tombé par hasard sur l'acte des consuls, qui cassait le général Latour-Foissac, pour la reddition de Mantoue : « C'était un
» acte *illégal, tyrannique,* sans doute, a-t-il observé ; mais ici
» c'était *un mal nécessaire : c'était la faute des lois.* Il était
» cent fois coupable, et pourtant *il est douteux* que nous l'eus-
» sions fait condamner ; *son acquittement eût produit le plus*
» *mauvais effet.* Nous le frappâmes donc avec l'arme de l'hon-
» neur et de l'opinion ; mais, je le répète, c'était un acte *tyran-*
» *nique,* un de ces coups *de boutoir* indispensablement néces-
» saires parfois au milieu des grandes nations et dans les grandes
» circonstances. »

art 1ᵉʳ : Tout militaire ou individu de l'armée, quel que
soit son état ou son grade, convaincu de trahison, sera

Pourquoi donc vouloir, le 2 nivôse an viii, et aussi en décem-
bre 1800, dans la même conviction que c'était *la faute des lois,*
la punition *légale* de dix-sept officiers qui avaient signé, le 5
prairial an vii, la capitulation de la place et de la citadelle de
Ferrare?.. Était-ce parce que leur acquittement devait aussi
produire le plus mauvais effet?.. je n'avais pu le penser... « *la
France n'est pas assez puissante pour obtenir de moi une
telleprévarication de mes devoirs* » fut la seule réponse que je
fis à M. Autard de Bragard, colonel commandant alors la place
de Grenoble, qui avait cru pouvoir me proposer, *comme avan-
cement,* un grade supérieur, si je trouvais les moyens de les
faire condamner. Nous devons croire aujourd'hui que Napoléon
n'avait conservé un langage aussi hautain pour le temps, surtout où il écrivait ses Mémoires sur le rocher de Sainte-Hélène,
qu'afin d'étayer ainsi un acte injuste du premier consul, par
l'opinion *absolue* de l'Empereur, sur la prétendue culpabilité
d'un général de l'arme du génie. Les souvenirs de Saint-Jean-
d'Acre étaient-ils donc encore, en 1816, présents à sa mémoire?..
Il avait cependant appris, à cette dernière époque, qu'en France
un arrêté des consuls n'avait pu créer des culpabilités, encore
moins les faire consacrer par la justice. Voilà pourquoi aussi il
préféra frapper une seconde fois le général qui avait défendu
Mantoue, avec *son boutoir impérial* devenu depuis trop longtemps l'arme de son choix. Heureusement il ne put l'atteindre,
même à l'épiderme. On se rappelle que Latour-Foissac fut toujours plein de vie au milieu de l'opinion publique et de celle de
l'armée, depuis l'acte injuste du premier Consul, comme avant
la captivité de l'Empereur à Sainte-Hélène.

Le sort réservé à la France, disons-le, avait été médité longtemps à l'avance, cependant on n'osa arriver à la simple confirma-
tion de l'acte des consuls, par un jugement légal, ou simplement
régulier dans la forme. On se garda bien, à cette époque, de
déférer à la justice de l'armée la conduite du général qui avait

puni de mort. Art. 2 : Sont réputés coupables de trahison,
les auteurs des délits ci-après détaillés savoir, » tout

commandé la place de Mantoue ; ce fut moins dans son intérêt,
il est vrai, que dans celui bien autrement important des gouvernants de la constitution de l'an III. Plusieurs auraient
craint de voir provoquer leur propre jugement par celui du général Latour-Foissac, qui, fort élevé par sa capacité comme par
son rang à l'armée, avait aperçu du point où il s'était placé tout
ce qui avait précédé, accompagné et même suivi cette désas-
treuse campagne ; c'eût été alors qu'on aurait reconnu de quel
côté devaient se trouver les grands coupables ; vraisemblable-
ment leurs crimes n'auraient pu être excusés par le silence ou
même *la faute des lois,* sous la constitution qui nous régissait. Il
est plus que probable que le rapporteur, dans toutes les inves-
tigations de cette grande affaire, n'aurait pu être embarrassé que
dans le choix des documents, que les plaies encore saignantes de
l'armée, l'abandon auquel elle fut réduite, et le désordre presque inoui de ses finances lui auraient offerts ; nous aurions pu
aussi l'aider nous-mêmes de ceux que nous avions recueillis en
personne, comme de ceux de plusieurs officiers généraux ou
supérieurs de l'armée, et des autres preuves non moins irrécusables, émanées des bureaux de la guerre ; telles entre autres
que celles des déprédations qui avaient fait disparaître les pièces d'artillerie de toutes les places de guerre du Piémont, qui
devaient protéger notre retraite derrière le Tésin ; celles tout
aussi décisives qui furent recueillies par le général de division
Muller, envoyé seul au secours de nos frontières des Alpes, qu'il
trouva sans défense. Deux vieux canons en fer et sans affuts, au
lieu de 500 bouches à feu qui armaient les sept forts de Briançon avant le ministère de Scherer, l'avaient obligé de faire arriver à marches forcées, de Valence à Briançon, quatre pièces de
canon pour les opposer sur ce point au général Schouwarof,
s'il eût tenté de franchir les Alpes ; elles semblaient alors s'être
abaissées devant lui, car il n'existait, en l'an VII, aucun corps
de troupes pour les défendre dans les départements des Hautes
et Basses-Alpes, et même dans la Savoie, pays alors conquis.

» commandant d'une place attaquée, qui, sans cause lé-
» gitime *et sans autorisation des corps administratifs*

Faut-il être surpris aujourd'hui qu'on ait pu refuser des
juges au général Latour-Foissac, par les motifs avoués en 1816,
notamment celui de ne pouvoir en trouver parmi les officiers
généraux de son grade, qui ne fussent suspects de complicité
de ses opinions sur les résultats prévus à la guerre comme en
politique ?..... On aurait dû tout au moins se rappeler ce que
le célèbre Dumolard, de Grenoble, avait prédit aussi, au milieu
de graves et grandes circonstances, en signalant à la tribune
nationale la chute prochaine du pouvoir. On ne se résigna pas
moins, à cet âge de dissolution sociale, à servir d'ombre au ta-
bleau colossal qui se crayonnait alors à grands traits, sans doute
pour faire preuve d'un patriotisme si étrange; mais en l'an vii
de la république, la redondance des mots ne pouvait trouver
de l'écho en Europe, et du point où ils partirent, en 1816, ils
ne vibraient plus pour nous, même la tyrannie; car tout était
mesquin en France avant la campagne de l'an vii, comme à la
suite de l'armée d'Italie, depuis que les heureux fournisseurs
l'avaient précédée dans sa déroute, sans rencontrer d'obstacles
à leur marche triomphale, pendant qu'ils étaient eux-mêmes
précédés de leurs nombreux fourgons.

L'étoile qui brilla plus tard, dans son apogée, pour l'Empereur, avait beaucoup pâli en France après la signature du
traité de Léoben par le seul général de l'armée d'Italie : il crut
qu'il la retrouverait en Orient, comme lui étant réservée pour
récompense personnelle; mais des nuages impénétrables la lui
ravirent une seconde fois. Dès-lors, la nation livrée à elle-même,
désespérant de son avenir par tous les principes d'anarchie qui
avaient grandi dans presque tous les rangs, capitula avec celui
qui parut à son tour avoir capitulé pour elle à Alexandrie, par
l'espoir apparent de ne vouloir qu'associer à l'avenir la détresse
de son armée, et ses malheurs à ceux de tous les Français. Le
premier moyen qui fut tenté de sa part fut donc de vouloir re-
lever sa puissance militaire en France par la discipline, et celle-

» dont il justifiera au tribunal criminel militaire, aura
» consenti à la reddition de la place, avant que l'ennemi
» ait fait brèche praticable et qu'il ait soutenu trois as-
» sauts.

Le législateur a donc reconnu lui-même qu'il y avait
des causes légitimes, autres que celles d'une brèche praticable qui pouvaient. donner lieu à la reddition d'une
place. Mais dans ce cas il a voulu que ces causes fussent
soumises aux corps administratifs par les commandants
des places; il n'y a que le cas d'une brèche praticable,
prévue par cette loi, qui puisse autoriser un commandant
de place à la rendre à l'ennemi, sans la participation des
autorités civiles. Le législateur leur a dit en termes plus
simples : lorsqu'une cause légitime vous obligera a rendre la place dont le commandement vous aura été confié,
vous la soumettrez aux corps administratifs ; mais lorsque
vous aurez soutenu trois assauts sur la brèche, vous pour-
rez capituler sans leur participation. Les causes légitimes
sont, vous le savez: la peste, la famine, l'inondation, le feu
lorsqu'on ne peut arrêter ses effets et que tout doit bientôt être la proie des flammes, la privation de l'eau, la
faiblesse de la garnison lorsqu'elle ne peut rien pour

ci par de grands exemples de sévérité et d'injustice.. Il se vit
bientôt forcé d'y renoncer, *et nous devons cette fois le croire,
dans les aveux réitérés qu'il nous en a laissés.* D'autres élé-
ments lui furent encore réservés pour arriver à la suprême puissance; tout ce qui devait la favoriser lui parut juste et légitime,
pour accroître même son illusion à une domination universelle.
Deux abdications ne purent empêcher la prolongation de ce rêve,
que les cents jours, les plus longs de cet intermède funeste,
avaient seuls frappés d'anathème dans tous les cœurs.

défendre tous les points attaqués, le mauvais état des
fortifications qu'on ne peut réparer, le défaut absolu d'a-
bris nécessaires à la garnison, celui de canonniers pour le
service de l'artillerie, qui est d'ordinaire la force pré-
pondérante pour repousser les assaillants, etc. etc. etc.

Mais dans un pays conquis, on ne pouvait pas exiger
que le commandant soumît à l'examen des corps administratifs les causes légitimes qu'il avait pour rendre la
citadelle, et on peut dire à cet égard, qu'il a consulté tous
ceux qui devaient l'éclairer sur sa conduite. Sans doute,
il était contraire à l'autorité militaire dont il était in-
vesti, de regarder comme obligatoire pour lui la décision
du conseil de défense qu'il avait assemblé extraordinairement ; cependant il n'a pas hésité à se déterminer d'a-
près son avis qui fut unanime (1), parce que c'était aussi
le sien, que la résistance ne pouvait être plus longue.

Vouloir qu'il n'eût rendu la citadelle qu'après avoir
soutenu trois assauts, sur une brèche praticable, ce serait
donc vouloir plus que la loi n'a exigé. Ce serait surtout
la méconnaître dans les différents motifs dont je vous
ai fait l'énumération et qu'elle a caractérisé de *légitimes*. Ce serait aussi nier des faits prouvés dans l'information des principes militaires avoués par les auteurs,
et suspecter l'histoire.

(1) Un conseil de guerre se compose de tous les chefs d'une
place, de ceux de sa garnison, des premiers capitaines et ad-
judants-majors de tous les corps militaires. Pourrait-on sup-
poser que, dans une telle réunion, il ne se rencontrât que
des lâches. Cette supposition serait hors des causes possibles,
surtout pour des Français. Quelque objection qu'on puisse faire
à ce raisonnement, il sera toujours plus fort que tout prétexte
apparent qui le combattrait.

Faire participer aux officiers que e commandant Lapointe a dû consulter, le malheur qui serait la suite d'une décision aussi injuste, ce serait leur faire un crime de plus de leur obéissance et de leur opinion. Mais rien ne doit leur faire craindre un pareil sort. La bonté de leur cause suffit à leur conscience, l'équité de leurs juges leur fournit de plus l'espoir d'une justice impartiale qu'ils sollicitent de tous leurs vœux depuis dix-huit mois.

Je conclus donc à ce que le chef de bataillon Lapointe, et avec lui tous les officiers du conseil de guerre extraordinairement assemblé le 5 prairial an VII (24 juin 1799), qui signèrent le même jour la capitulation de la citadelle de Ferrare rendue à l'ennemi, soient acquittés de l'inculpation que leur a fait la commission militaire établie à Valence, *de n'avoir pas défendu cette citadelle autant qu'elle aurait dû l'être*, et par suite, de l'accusation qui les a traduits devant vous ; qu'en conséquence ils soient mis en liberté et renvoyés, à ma diligence, dans leur corps respectif pour y continuer leur service ; et attendu les impressions défavorables qui ont pu se répandre dans le public par les poursuites judiciaires dirigées contre eux, sur un rapport dans lequel leur honneur aurait été compromis, je conclus en outre à ce que le jugement qui interviendra en leur faveur soit rendu public et les exemplaires tirés au nombre de trois cents.

A Grenoble, le 5 nivôse an IX (26 Xbre 1800). (1)

LE CAPITAINE RAPPORTEUR.

(1) Par jugement du second conseil de guerre, tous ces officiers, dont quatre officiers supérieurs, furent déclarés coupa-

bles, *sans distinction*, et la peine de mort fut commuée par les mêmes juges qui en avaient alors le droit, en celle d'un mois d'emprisonnement.

Une telle disproportion entre la peine et le crime, prouverait seule que l'indépendance des organes de la loi, dans l'exercice de leurs redoutables fonctions, est la première garantie de l'innocence ; que l'équité des juges qui y serait contraire, n'est tout au plus qu'une voie détournée, trop souvent arbitraire, qui ramène rarement dans le sentier étroit de la justice ceux qui l'auraient ainsi abandonné comme trop difficile à suivre, selon les circonstances des temps ou même l'impulsion donnée.

Le capitaine du génie Robert vit dans la culpabilité qui venait d'être prononcée contre lui, plus qu'une condamnation. Il préféra d'encourir la peine de mort dûe au crime dont il avait été déclaré coupable, à l'infamie attachée dès cet instant à son nom. Ce fut à sa requête que le conseil de révision annulla ce jugement, et que sur la procédure déjà instruite, la première section du conseil de guerre, devant laquelle cet officier plaida lui-même sa cause, l'acquitta *à l'unanimité*, et le rendit à ses devoirs militaires, le 26 pluviôse an ix (5 février 1801).

Le commandant Lapointe et les autres officiers signataires de la capitulation, accablés par les longueurs d'une procédure qui leur avait coûté tant de peines et de voyages ruineux, autant que par la funeste indulgence de leurs juges, se résignèrent à leur sort. Ils subirent la peine d'emprisonnement, dans la citadelle de Grenoble, et furent ensuite privés de leur état. Combien alors la conviction des seconds juges du capitaine Robert dut leur paraître éclairée, quand ils apprirent qu'il avait retrouvé dans leur fermeté cette justice qui lui était dûe, mais qu'eux-mêmes n'avaient pu obtenir avec lui, dans le premier jugement de cette accusation !

FIN.

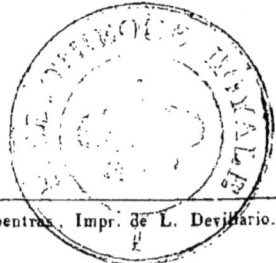

Carpentras, Impr. de L. Devillario.

www.ingramcontent.com/pod-product-compliance
Lightning Source LLC
LaVergne TN
LVHW022036080426
835513LV00009B/1085